LA BOITE

DU

PETIT DÉCROTTEUR.

PARIS. — TYPOGRAPHIE DE Mme Ve DONDEY-DUPRÉ,
rue Saint-Louis, au Marais.

BIBLIOTHÈQUE DU BERRY.

LA BOITE

DU

PETIT DÉCROTTEUR

PAR

G. F. de Grandmaison-y-Bruno.

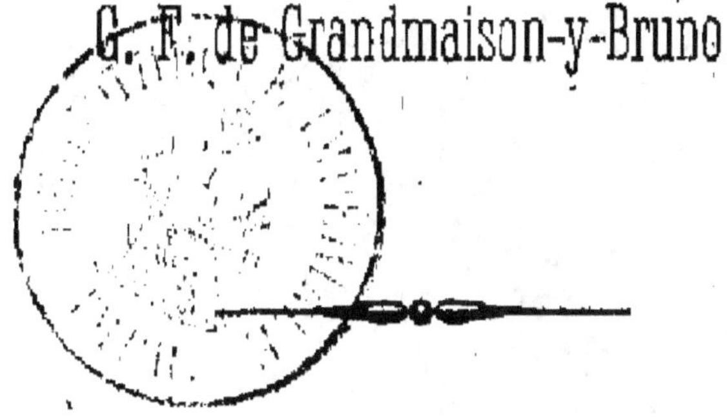

PARIS

CHEZ J. LECOFFRE ET C°, LIBRAIRES,

RUE DU VIEUX COLOMBIER, 29.

1853

LA BOITE

DU

PETIT DÉCROTTEUR.

CHAPITRE PREMIER.

UNE BONNE FAMILLE. — LE VIEUX MÉNÉTRIER ET LE PETIT JACQUES.

—

M. Thomassy était un riche négociant du boulevard du Temple : ses enfants, au nombre de trois, faisaient sa félicité, et il les élevait avec grand soin, dignement secondé dans cette tâche paternelle par sa vertueuse épouse. C'était dans l'un des meilleurs colléges de Paris qu'il les avait placés comme pensionnaires ; ils s'y distinguaient par leur application, et, en récompense, ils venaient chaque semaine passer le jeudi auprès de leurs parents.

Henri et Arthur étaient nés le même jour, et ne devançaient que d'une année leur frère Frédéric. Cette différence, à peine sensible, leur avait permis de commencer leurs études en même temps, et à l'époque dont nous parlons, ils suivaient tous les trois la classe de cinquième, et avaient douze ou treize ans; les jours de congé devenaient, au boulevard du Temple, de véritables jours de fête pour eux; leur famille en éprouvait aussi une douce satisfaction : il n'y avait pas jusqu'aux domestiques qui n'en témoignassent leur joie, tant on remarquait, dans ces aimables enfants, de docilité, de candeur et de prévenance pour tout le monde.

Leur père se faisait un plaisir,

principalement dans la belle saison,
de parcourir avec eux les environs de
Paris ; ils avaient visité à Sèvres la
manufacture de porcelaine ; à Saint-
Cloud, le parc et le château ; le pa-
lais de Versailles, ses magnifiques
ombrages, et de l'autre côté de la
Seine ils étaient descendus à Saint-
Denis dans les caveaux destinés à la
sépulture des rois de France ; partout
ils éprouvaient de vifs sentiments
d'admiration, mais il ne pouvaient
s'empêcher d'avouer que de tous
les buts de promenade qu'on leur

proposait, c'était Meudon qui obtenait leur préférence.

La raison en est facile à deviner : dans le voisinage de cette résidence princière, et non loin de la forêt qui porte son nom, M. Thomassy possédait une maison de campagne ; sa fortune lui avait permis d'y faire de grandes dépenses, et il avait su y réunir l'utile et l'agréable.

Ses trois enfants comprenaient qu'ils étaient chez eux : là, ils ne rencontraient point, au tournant d'une allée, de gardien au front sévère qui leur barrât le passage, avec défense de courir et de prendre leurs ébats. Seulement ils se disaient à eux-mêmes ce que leur eussent dit les surveillants des châteaux de Meudon ou de Versailles : ne gâtons rien, prenons garde de froisser les fleurs ou de briser les branches des arbres ; cela ferait de la peine à notre papa.

On voyait autour de cette habitation des bosquets délicieux, et, à la suite, des pièces d'eau où on leur permettait de pêcher à la ligne; une fois pour toutes, il leur avait été recommandé de ne pas se pencher sur le bord des bassins, de ne point s'exposer seuls sur la petite barque dont le gouvernail était réservé au jardinier de M. Thomassy; cela suffisait, et Arthur et Henri, de même que leur plus jeune frère, ne comprenaient pas qu'un enfant pût se rendre coupable de désobéissance.

Lorsqu'ils étaient fatigués de leurs courses et de leurs promenades, ou bien, si les poissons dès réservoirs n'avaient pas mordu à l'hameçon, ils se retiraient dans des cabinets de verdure; là ils se reposaient à l'ombre, en s'entretenant des plaisirs qu'ils avaient goûtés depuis le matin, ou en faisant de nouveaux projets pour la soirée, cet instant du jour où le soleil commence à être moins ardent.

Quelquefois, Henri tirait de sa poche un petit livre d'histoire ou de contes intéressants : il essayait d'en faire la lecture à ses frères, mais l'espiègle Frédéric se bouchait les oreilles et disait en riant : « Je ne veux rien entendre. Allons, Henri, est-ce que tu as perdu la tête ; nous prends-tu pour des philosophes ? la lecture est bonne au collége ; nous y voyons bien assez de livres de toutes les tailles, depuis les grammaires française, espagnole, allemande et autres, l'épitome. Que sais-je ? jusqu'à messieurs les dictionnaires grec, latin, les gros bourgeois de la localité savante, et puis... et puis... Bah ! je n'en finirais pas... Tiens, fais-moi un plaisir, mon très-cher frère, remets ton livre là où tu l'as pris, et parle nous d'autre chose; de la pluie ou du beau temps, par exemple, ou bien chante nous :

Hanneton, vole, vole, vole,
Prend ton pain, va-t'en à l'école.

Ah ! mais, dis-donc, sais-tu ?

Malbrough s'en va-t-en guer re.

Mon ami, régale-nous-en ! j'aime mieux cela pour le quart d'heure.

Cette burlesque sortie faisait pousser des éclats de rire, qui se prolongeaient à de nouvelles saillies de Frédéric ; mais, au bout du compte, la lecture n'en avait pas moins lieu si elle pouvait être de quelque agrément à ses frères ; il y prenait lui-même plaisir : « Lis, lis, mon garçon, disait-il, ça doit être charmant. Ah ! monsieur Henri, monsieur Henri, vous êtes un connaisseur en beaux livres, en jolis contes, en histoires instruc-tives ! Si jamais je deviens puissant et riche seigneur, ministre même, ou quelque chose de plus encore, je vous nomme d'avance mon bibliothécaire. Allons, commence : j'ai voulu rire, et voilà tout!!! »

Souvent les gais entretiens de ces enfants ou leurs lectures étaient interrompus par l'arrivée de M. et de madame Thomassy. Arthur leur racontait les joyeuses colères de Frédéric contre les livres, les belles promesses à Henri qui s'en suivaient, et ces bons parents, heureux de la parfaite intelligence qui régnait entre leurs enfants, se mêlant à leur conversation, aimaient à la prolonger sur le même ton. Quelquefois , elle avait une tournure plus sérieuse; alors, c'était M. Thomassy qui prenait la parole. On l'écoutait avec la plus grande attention ; car ses récits étaient toujours pleins de charmes et d'intérêt.

« Je veux, mes amis, dit-il un jour, vous raconter une histoire, mais une histoire véritable ; vous en serez contents, j'en suis sûr. J'ai particulièrement connu ceux qu'elle intéresse, et c'est dans cette ferme que vous voyez là-bas au pied de la colline, sur la lisière de la forêt, qu'elle a, en quelque sorte, commencé. »

Ce début excita l'attention et la curiosité des enfants : Arthur était tout yeux et tout oreilles. Henri, à demi couché sur un banc de gazon, se redressa lestement, afin de ne rien perdre de ce que son père allait dire, tandis que Frédéric, passant son bras droit autour du cou de sa mère, pria M. Thomassy de ne les pas faire attendre plus long-temps :

« Au moins, mon cher papa, on ne peut pas dire que vous êtes un savant *le livre à la main*. J'en demande pardon à mon futur bibliothécaire : j'aime beaucoup mieux vos histoires que les siennes. » Et en s'exprimant ainsi avec une certaine affectation, il faisait à Henri une petite moue gracieuse dénotant qu'il n'avait pas l'intention de le fâcher.

CHAPITRE II.

LA NOCE ET LE VIEUX MÉNÉTRIER.

—

« Il y a quarante-cinq ans au carnaval dernier (c'était le jour du mardi gras) on célébrait une noce dans cette ferme qui est en face de cet abri de verdure ; j'y assistais en nombreuse compagnie.

HENRI.

Il y a quarante-cinq ans ! ! ! mais vous en aviez à peine dix ; vous étiez bien jeune alors ! ! !

FRÉDÉRIC.

Eh bien! qu'est ce que cela fait? Est-ce qu'il y a un âge fixé pour aller à la noce comme pour la conscription? croirais-tu, par exemple, que je serais trop jeune si l'on m'y invitait, et que ce serait une raison de ne m'y pas conduire?

HENRI.

Je ne dis pas cela : j'ai seulement fait une réflexion.

FRÉDÉRIC.

Elle est lumineuse ta réflexion!

HENRI.

Mais elle n'est pas déraison-
nable.

FRÉDÉRIC.

Tu aurais pu nous en faire grâce
ou du moins la laisser mûrir.

HENRI.

Je profiterai de la leçon une autre fois.

FRÉDÉRIC.

Tiens! comme tu la reçois la
leçon : donne-moi la main et n'en
parlons plus.

M. Thomassy reprit en souriant

sa narration. — Le fermier de cette métairie mariait ce jour là-sa fille unique à un jeune villageois du voisinage ; c'était une union parfaitement assortie : même rang dans les deux familles, même éducation, même amour pour le travail et la vertu.

Sans jouir d'une fortune considérable, ces braves gens avaient une certaine aisance : voulant que le mariage de leurs enfants fît époque dans les souvenirs de la contrée, ils invitèrent leurs parents, leurs amis, les propriétaires de la ferme et quelques personnes notables de Versailles et des environs. Si ma mémoire ne me trompe pas, il y avait bien cent convives. La cérémonie religieuse fut célébrée dans la vieille église de Meudon, et, après avoir donné la bénédiction nuptiale aux époux, M. le curé prononça un très-beau discours qui fit pleurer tout le monde d'attendrissement.

Il y eut ensuite un festin qui ne brillait ni par la magnificence ni par la recherche des mets ; mais tout s'y voyait abondamment, et l'appétit se trouvait excité par la vue des volailles préparées à point et d'excellentes pièces de gibier rôties ou à toutes les sauces ; l'intendant de la forêt de Meudon, par amitié pour ces campagnards, avait permis qu'à l'occasion du mariage, on chassât pendant un jour dans les dépendances du château.

Pour égayer la fête, le vénérable Michel, ainsi se nommait le père de la future, avait fait venir

de Paris un ménétrier en posses-
sion, depuis plus de trente ans, de
jouer du violon à tous les mariages
de Sèvres, de Meudon et de Saint-
Cloud.

Le motif de cette préférence; je
l'ignore ! Ce qu'il y a de vrai, c'est
qu'à cette époque, ni à Paris, ni
ailleurs, il n'y avait pas autant de
musiciens que de nos jours; cela
aiderait peut-être à expliquer la
grande vogue du père Manérat :
ainsi se nommait le vieux ménétrier). Il faudrait y ajouter sa pro-

bité bien établie, ses bouffons entretiens, ses bons mots, ses chan-
sons, et son appétit héroïque, qui
semblait dire : « Imitez-moi et vous
ne vous en porterez que mieux. »

Dans ses joyeuses expéditions, il
était presque toujours accompagné
de son petit neveu, qui répondait
au nom de Jacques. Tandis que
son oncle était muni d'un violon
qu'il portait dans une grande boîte
de sapin, Jacques tenait devant lui,
soutenue par une courroie, la vielle
héréditaire que ses aïeux avaient

fait résonner. On n'était pas bien d'accord sur l'origine de Manérat : les uns disaient qu'il sortait des environs de Clermont; d'autres, de cette partie de l'Italie qui avoisine la France. Peu importe; ce qu'il est bon de noter, c'est qu'il possédait toutes les qualités du cœur et de l'âme que l'on rencontre encore sur les sommités escarpées de l'Auvergne, ou aux montagnes de la Savoie. — On pouvait peut-être le reprendre sur quelques notes fausses échappées à

son violon, durant sa longue carrière ; mais il était irréprochable
du côté de l'honneur et de la probité.

Jacques alors avait environ neuf
ou dix ans ; quand un villageois
venait inviter son vieux parent à
quelque fête, on ne manquait pas
de lui recommander d'amener le
petit *vielleur*. Lorsque l'oncle était
fatigué ou à table, le neveu, monté
sur un tonneau, le remplaçait, ou
se tenait à ses côtés, s'il précédait,
dans leurs promenades champê-

tres, les convives de la noce. Tout le monde avait du respect pour le père Manérat; mais, à l'égard du petit vielleur, c'était une vive et touchante affection. Avant son départ, on bourrait ses poches de tranches de pâté, de morceaux de galettes, de sucreries (lorsqu'il y en avait), et de toutes les friandises si agréables au jeune âge. Après avoir garni ses poches, on lui donnait encore un petit havresac en toile, que l'on remplissait également ment.

On ne se montrait pas moins généreux envers le ménétrier de Meudon ; le père Manérat était encore désigné de la sorte, parce que c'était dans ces parages qu'il se faisait entendre le plus souvent ; mais, pour lui, c'étaient des pièces de résistance : un bon morceau de porc, la moitié d'une oie succulente ou d'un dindon de couleur dorée, qui faisait plaisir à voir et encore plus à manger.

Avec un peu de précaution, surtout en hiver, l'oncle et le neveu avaient à leur retour de quoi se régaler durant une quinzaine, dans leur logis de la rue de la Montagne-Sainte-Geneviève, tout à côté de l'église Saint-Etienne-du-Mont.

La fête dont je vous parle avait été belle et agréable. Sur la fin du second jour, le ménétrier parla de retourner à Paris, ayant, disait-il, des engagements pour le lende-main.

Michel et ses convives auraient bien voulu le retenir encore ; mais il fallut céder aux bonnes raisons qu'il allégua, et ils consentirent à son départ, à la condition qu'il leur laisserait Jacques pour récréer la compagnie dans les jours consacrés à ce que l'on appelle *ramasser les restes.*

CHAPITRE III.

UN MAUVAIS COMPAGNON DE VOYAGE.

Il était dix heures du soir quand Manérat se mit en route. Comme on savait qu'il n'était pas peureux, on se contenta de lui souhaiter un bon voyage, espérant bien qu'il arriverait sans encombre à Paris.

C'était également sa pensée ; aussi cheminait-il en fredonnant quelques-uns de ses airs favoris, et repassant en lui-même tout ce qui l'avait frappé pendant les deux jours qui venaient de s'écouler.

Pour faire place aux provisions accoutumées à la suite d'un festin nuptial, le violon avait été mis à la porte de sa boîte, et, légèrement fixé par une lisière, il se balançait mollement sur l'épaule de son maître, non pas toutefois à la belle étoile ; la nuit au contraire était fort obscure.

Il y avait bien trois quarts d'heure qu'il marchait sans qu'il eût fait la moindre rencontre ni bonne ni mauvaise ; la société d'un honnête voyageur lui eût été agréable ; mais il savait se suffire à lui-même, et se passait sans murmurer des avantages qu'il n'avait pas.

En se retournant il vit tout à coup, à une distance très-rapprochée, et séparées l'une de l'autre de la largeur de la main, deux chandelles brillantes qui le suivaient sans qu'il aperçût quelqu'un qui les portât ou qu'il entendît le bruit de sa marche.

Ce fut pour le musicien un motif de hâter le pas ; mais les deux lumières redoublaient de vitesse en même temps que lui.

Je vous l'ai dit, il ne manquait pas de courage : il crut d'abord à une apparition. « Eh bien ! tant mieux, dit-il en enfonçant son chapeau, je ne serai pas fâché d'avoir vu quelque chose d'extraordinaire. Puis, s'arrêtant tout court, il chercha à démêler ce que ce pouvait être. Les chandelles demeurèrent également immobiles, et, en cherchant à s'expliquer pourquoi, à cette heure, elles se rencontraient ainsi sur un grand chemin, il ne tarda point, par un cri rauque poussé par les deux lumières, à se convaincre que l'apparition n'était autre chose qu'un loup de la plus belle taille, lui servant de laquais sans lui demander de gages, honneur dont il se serait bien privé.

Cet animal, sans doute, avait de la lisière de la forêt, où il était en embuscade, flairé les locataires ina-

nimés de la boîte à violon, et c'é-
tait pour cela, sans doute, qu'il
était si obstiné à suivre le père
Manérat.

Une apparition eût mieux été le
fait du voyageur; mais enfin, il
fallait bien y renoncer, et le meilleur parti, dans la circonstance,
consistait à marcher bon train.
A peine eut-il repris sa course,
que le loup opiniâtre était déjà sur
ses talons, et il ne s'en manqua de
rien qu'il ne lui mît les deux
pattes de devant sur les épaules

Idée lumineuse ! avec la rapidité de l'éclair, le ménétrier de Meudon saisit son instrument de musique, et fit tout à coup retentir les échos de cet air si connu :

O Fontenay qu'embellissent les roses !

C'était prendre l'habitant des forêts par la douceur ; mais, soit qu'il ne fût pas du nombre de ces animaux qui sont sensibles aux douceurs de l'harmonie, soit qu'il se trouvât en cette soirée dans le cas du proverbe qui dit: *Ventre affamé n'a pas d'oreilles*; il poussa un lugubre hurlement qui fit changer de note au vieillard.

Ah ! dit-il, les procédés n'y font rien ; eh bien ! nous allons voir : si je lui jouais quelque chose de plus turbulent ; alors, invoquant ses plus terribles souvenirs, il imita avec son archet les aboiements du dogue, les sinistres accents de la chouette, le rugissement du lion ; mais tous ses efforts n'aboutissaient qu'à de la musique perdue : c'était comme s'il eût chanté une romance à la porte des sourds-muets de feu l'abbé Sicard.

Le loup au contraire n'en devint que plus menaçant.

Le pauvre Manérat comprit que son compagnon de voyage n'était point un élève du Conservatoire; il vit bien aussi qu'il fallait s'exécuter et fournir à souper à cette bête vorace; mais, comme il n'avait envie de lui donner ni un de ses bras, ni une de ses jambes, il tira, non sans faire la grimace, de la boîte à violon, un morceau de porc rôti qu'il lança derrière lui le plus loin possible, afin de retarder d'autant les importunités qu'il prévoyait de la part de ce vilain animal. Il ne lui épargna pas les malédictions, et ne s'arrrêta pas non plus pour lui demander s'il voulait de la moutarde.

On raconte que les loups peuvent rester huit fois vingt-quatre heures sans manger, c'est possible : je n'ai pas été à même de vérifier la chose, mais si cela est exact, il faut croire que celui dont je parle était dans son huitième, ou au moins son septième jour de jeûne, car le porc rôti disparut comme par enchantement; s'il en eût eu l'envie le ménétrier n'eût pas eu le temps de monter et de descendre une gamme, même en y mettant de la vitesse.

A l'aspect du loup qui recommençait son manége, il vit bien qu'il fallait encore lui faire sa part, et un bon canard alla rejoindre la pièce qui lui avait été jetée cinq minutes auparavant.

Je ne veux point allonger mon récit par les nouveaux grincements de dents, les nouvelles menaces de la bête qui ne faisait qu'entrer en appétit, et les concessions successives de Manérat : une moitié d'oie, et les menus accompagnements , tout y passa ; bref, il ne restait plus qu'un fameux quartier de dindon qu'il espérait du moins sauver de la petite guerre ; car en ce moment il n'était plus qu'à une faible distance de la barrière de Sèvres.

Mais il avait compté sans la patte du loup, qui, s'appliquant sur son dos, fit jeter au violon un sourd retentissement. Il n'y avait pas à argumenter, et, en même temps qu'il se dessaisissait du dernier témoignage de la générosité de Michel, il poussait des invocations au secours qui firent tout à coup ouvrir la porte, dans laquelle il se précipita en la refermant lui-même avec une vigueur qui surprit les gardiens.

— Qu'avez-vous? qui êtes-vous? d'où venez-vous à cette heure? n'avez-vous rien de sujet aux droits?

—Eh! non, repartit le père Manérat d'un air effaré, je n'ai plus rien de sujet aux droits. Tenez: voyez la boîte à violon; elle est vide; je ne suis, vous me connaissez bien, je ne suis ni un voleur ni un contrebandier. Tenez, le voilà le contrebandier! le voleur! le brigand! arrêtez-le! je vous l'abandonne! jetez-le en prison!

faites-le pendre ! et, par dessus le marché, dix ans de galère après sa mort : il n'en aura rien volé.

On voit bien que la tête était en plein déménagement. Et, en disant cela, il montrait à ceux qui l'interrogeaient le pillard qui attendait à une distance respectueuse, cette fois, qu'on lui jetât encore quelques débris de la noce. Mais, voyant qu'il n'avait rien à attendre de bon, et peut-être ne sentant plus rien dans le garde-manger portatif, il regagna en toute hâte l'épaisseur de la forêt, et fit, en dormant au pied d'un chêne, la plus agréable digestion que bête carnassière eût faite de mémoire de loup. Les gardiens de la porte de Sèvres ne s'amusèrent point à courir après lui, bien qu'il eût mérité une vigoureuse correction ; et, ayant prié le nouveau venu de leur raconter sa lamentable histoire, ils lui firent l'offre de passer auprès d'eux le reste de la nuit ; ce qu'il accepta volontiers.

On lui donna même un ou deux

verres de vin pour lui rassurer les sens ; on lui offrit place, d'abord au poêle, puis sur le lit de camp destiné aux veilleurs de nuit : il finit par s'endormir ; mais son sommeil fut agité, ses songes pénibles ; il lui semblait en rêve qu'il avait toujours les deux chandelles de la route à ses côtés, et il croyait sentir sur son épaule la morsure du loup, furieux de ce que la boîte à violon ne pouvait plus rien fournir à sa gloutonnerie.

CHAPITRE IV.

DE CE QUI SUIVIT CETTE AVENTURE.

A son réveil, les bons gardiens de la barrière invitèrent la malheureuse victime du loup de la forêt à déjeuner. Le ménétrier mangea médiocrement : cela se conçoit sans explication ; il se ressentait encore de la secousse de la veille ; il remercia de son mieux ceux qui lui avaient donné une si

généreuse hospitalité, et en les quit-
tant, il leur joua, par surcroît de
reconnaissance, deux ou trois airs
de ceux qu'il ne faisait entendre que
dans les grandes occasions, en un
mot ce que l'on pouvait appeler du
premier choix. Il ne s'adressait pas
non plus à des cœurs noirs d'ingratitude ; ils lui témoignèrent leur
satisfaction par de cordiales poi-
gnées de mains, et, comme ils n'a-
vaient pas l'oreille très-musicale,
ils se crurent un instant à l'Opéra.
Il est vrai qu'ils le dirent, mais

s'il y avait ignorance ou flatterie, je dois cet hommage à la vérité que si le ménétrier de Meudon n'était pas un grand maître, il avait parfois, surtout après dîner, des coups d'archet magnifiques.

Le désappointé Manérat reprit donc le chemin de la Montagne Sainte-Geneviève moins chargé que lorsqu'il avait quitté la ferme de maître Michel ; il en éprouvait une impression pénible.

Si dans sa course il eût été attaqué par le loup, il courait deux

chances : la première d'être dé-
voré, alors on n'en parlerait plus ;
l'histoire finirait tout court, et le
brave homme ne vivrait plus que
dans les souvenirs des habitants
de Sèvres, Meudon, Saint-Cloud et
autres lieux. L'autre chance était
de sortir avec avantage de la lutte,
en plongeant, par exemple, son bras
dans la gueule du loup et lui arra-
chant la langue avec la vie, comme
on le raconte de quelques villageois, non-seulement intrépides,
mais doués encore d'une force sur-

humaine. Loin de là : il avait eu le dessous, il avait capitulé : il avait jeté pièce à pièce à l'ennemi les espérances de ses dîners et de ses soupers pendant deux semaines ; et, comme durant plus d'une heure il avait été, ainsi qu'on le dit proverbialement, entre le marteau et l'enclume, sa cervelle en était demeurée un peu ébranlée : à son imagination s'offraient sans cesse des tableaux fantastiques ; c'était toujours un loup qui en était le principal personnage.

Rentré dans son logement, il passa seul le reste de la journée et la nuit suivante ; le lendemain, vers les dix ou onze heures, il vit arriver Jacques, la gaieté empreinte sur le visage. Plus heureux que son oncle, l'enfant, à la faveur du soleil, avait pu traverser le territoire ennemi sans danger, et revenait avec sa vielle demeurée silencieuse durant toute la route, et ses provisions intactes, tant on avait bien veillé à ce qu'il déjeunât solidement avant son départ.

L'oncle, d'un air un peu mortifié, raconta à son neveu sa triste aventure de la surveille. Jacques, avec une grâce enfantine, chercha à l'en consoler de son mieux, et comme il avait beaucoup de bon sens pour son âge, il crut que le vieillard finirait par oublier la perte de son morceau de porc, du canard, de l'oie et du quartier de dindon ; que tout au plus, s'il y pensait, ce ne serait que pour en rire, et en donner à rire à ses amis.

Cet enfant ne voyait point au

delà ; il ne se rendit pas compte du changement qui s'opérait dans les habitudes du ménétrier. Manérat devint un peu sombre et un peu rêveur, sans rien perdre de sa bienveillance ; la main lui trembla légèrement, son archet fut capricieux ; il ne donna plus désormais qu'à de très-longs intervalles de ces coups sublimes qui avaient fait l'admiration des gardiens de l'entrée de Sèvres. Jacques ne s'en étonna point ; il s'imagina qu'il en devait être ainsi, à cause de l'âge qui pesait de plus en plus sur la tête de son oncle.

Leur existence, dans les sept ou huit mois qui suivirent le carnaval, n'éprouva guère de modifications; ce fut à peu près comme les années précédentes à la même époque; cet intervalle de la fin de l'hiver à la chute des feuilles d'automne était ce que le père Manérat appelait la morte saison. En effet, durant les beaux jours, les mariages sont moins fréquents parmi les villageois : c'est le mo-

ment des grands travaux ; ils en re-
mettent la célébration aux temps
où ils sont moins occupés : rien ne
trouble alors ni leurs joies ni leurs
plaisirs.

Dès que de nouveaux bruits de
fêtes recommencèrent à circuler,
le vieux Manérat y parut. Hélas !
on ne tarda point à s'apercevoir
que son talent n'était plus à la
même hauteur ; peu à peu on
mit moins d'empressement à l'appeler ; bientôt il ne reçut presque
plus d'invitations. Cependant, il

faut dire, à la louange des habitants de Meudon, qu'ils lui conservèrent leur bienveillance et leur pratique jusqu'au moment où il lui fut tout à fait impossible, à cause de ses forces successivement affaiblies, de perdre de vue les tours de Saint-Étienne-du-Mont.

A l'inverse de son oncle, Jacques se fortifiait de jour en jour; il grandissait à vue d'œil, et, comme il était d'un excellent caractère, tout le monde l'aimait. Dans la rue de la Montagne et dans les rues qui l'avoisinent, c'était à qui lui témoignerait de la bienveillance ; s'il y avait une commission à faire dans un quartier éloigné, vite on venait prier Jacques de s'en charger : c'était toujours un revenant bon pour le logis, et d'autant plus avantageux que, dans ces occasions, le crédit c'est toujours *de la main à la poche*.

Il y avait entre autres, au coin de la rue Traversine, un vieil horloger, M. Minute (jamais nom peut-être ne s'était mieux accordé avec la profession de celui qui le portait), un brave homme dans toute l'étendue du mot, qui avait pour Jacques une affection toute particulière. Il n'avait jamais été marié : sa cuisine, il la faisait lui-même, et il n'y en avait pas pour longtemps, car il se faisait remarquer, sans que l'avarice l'y portât, par une sobriété extrême; c'était, il faut croire, son tempérament. Son ménage ? Il n'appelait personne. Bel embarras, disait-il, qu'un ménage de garçon ! il y en a pour un quart d'heure. Et ce quart d'heure, il le prenait sur le temps consacré à la réparation des montres et des pendules, ce qui ne leur causait pas (cela saute aux yeux) un grand préjudice. Elles n'avaient pas le temps de languir de son absence.

Il y avait peut-être bien quelque bizarrerie, une ombre de singularité dans les allures de M. Minute, mais il possédait un si bon cœur, sa délicatesse était si grande, qu'il n'y a que les gens qui cherchent les poux dans la paille qui eussent pu lui en faire reproche.

De plus, M. Minute était un praticien consommé dans son art. C'était, dans l'horlogerie, la main la mieux exercée et la plus sûre, le coup d'œil le plus subtil. Lui apportait-on une montre détraquée, il prenait sa loupe, en parcourait rapidement les rouages, puis il en signalait les irrégularités avec la même précision qu'r médecin habile, tâtant le pouls d'un malade, lui dit : Mon ami, vous avez cela et cela, et voilà le remède : faites-le, autrement je ne réponds de rien.

Je serais payé pour faire l'éloge de feu M. Minute, que je ne saurais gagner plus loyalement mon salaire ; c'est un peu long, mais ne m'en faites pas de reproche : il le méritait bien, et encore au delà.

Je disais donc que cette perle des horlogers aimait beaucoup le petit Jacques, et avait en lui une confiance pleine et entière. S'il se présentait des emplètes à faire, si les devoirs de l'amitié l'appelaient à un enterrement, en un mot, dans toutes les circonstances où il était obligé de sortir, il faisait signe à Jacques de venir veiller sur sa boutique durant son absence: on ne disait point encore un magasin. Et pourquoi chicanerais-je sur ce mot, depuis que les raseurs disent, en parlant de leur barberie, mon cabinet, mon salon? Ils ne tarderont pas à dire mon étude, dont

sans doute les serviettes, les ra-
soirs et les plats à barbe seront
les dossiers et les archives (1).

Cette amitié pour Jacques d'où
venait-elle ? C'est que M. Minute,
dont le coup d'œil était sûr (je l'ai
déjà dit), avait remarqué qu'il avait
un bon cœur.

Et cette grande confiance ? Elle
procédait du même esprit d'observation.

(1) On affirme qu'il y a à Paris des coiffeurs
qui, en parlant de MM. leurs garçons, disent :
le premier, le second clerc du cabinet.

Cet enfant avait la probité de son oncle ; il en avait donné des preuves.

CHAPITRE V.

—

Jacques avait un cœur excellent : sa tendresse pour son oncle, sa reconnaissance des soins qu'il en avait reçus dans son extrême enfance se peignaient sur son visage d'une manière ravissante.

Il lui obéissait au premier signe de sa volonté ; il cherchait à lire dans ses regards jusqu'à ses moindres désirs, afin de s'y conformer sur-le-champ, et tout cela naturellement, et comme par instinct.

De même que presque tous les Auvergnats et les fils de la Savoie, cet enfant aimait le travail ; il souriait à chaque surcroît de besogne, et sa joie était à son comble quand, après une journée bien remplie, il déposait dans le boursicot (1) de

(1) On nous passera cette expression ; le ménétrier et son neveu n'en employaient pas d'autre quand ils parlaient du petit sac renfermant leurs épargnes.

son oncle une somme un peu ronde, et pour cela il avait plus d'une corde à son arc.

Il jouait encore quelquefois de la vielle dans les pensionnats du voisinage, et on l'appelait aussi à quelques réunions de famille ; c'était de l'or en barre.

Il avait de temps à autre la surveillance de l'établissement de M. Minute. Si ce vieillard était sobre et dur pour lui-même, il se montrait généreux envers son protégé.

Les commissions roulaient leur train et ne nuisaient point au reste.

Mais ce qu'il ne faut point oublier, c'est l'éclat qu'il donnait à la chaussure de M. le curé de Saint-Étienne-du-Mont, de ses vicaires et des prêtres habitués de la paroisse : en y joignant la pratique de quelques rentiers , et surtout celle de messieurs de l'École de droit , on peut conclure que si Jacques était fort occupé, il avait au moins la satisfaction de pourvoir honnêtement à ses besoins et à ceux de son oncle, lorsqu'il fut arrivé à ce point de ne pouvoir plus travailler. Ne vous étonnez pas de ce que vous entendez, mes amis; on rencontre encore de ces enfants (ils sont rares, c'est vrai) qui, sans rien perdre de l'enjouement naturel à leur âge, font tout ce que faisait le noyau du ménétrier, et deviennent, par leur industrie et leur intelligence, l'appui de leurs parents âgés ou infirmes.

Quand Jacques avait satisfait

toutes ses pratiques, si le temps n'était pas trop mauvais, il venait exercer sa profession de décrotteur au bas du perron de Saint-Étienne, et il lui arrivait souvent d'y faire de bons profits, surtout aux époques où les pèlerins viennent en grand nombre se prosterner au tombeau de sainte Geneviève.

Il avait devant lui une boîte renfermant ses brosses, son cirage et un couteau pour racler la boue; n'allez pas croire que cette boîte ressemblât à ces vilains petits coffres grossièrement travaillés que l'on voit sur le Pont-Neuf, à côté des tondeurs de chiens.

C'était un bijou, un amour de boîte ; son oncle avait voulu qu'elle fût faite de bois fruitier (c'était du poirier vraiment); et il l'entretenait dans une grande propreté. Il avait vu chez M. Minute un coffre antique sur lequel un artiste habile avait tracé avec des clous dorés des arbres, une maisonnette et quelques personnages. Alors il avait imaginé d'enjoliver dans le même genre son petit meuble de poirier, et il en était venu à bout, grâce aux conseils de l'horloger et à sa générosité, car c'était ce vieillard qui lui avait fourni ces clous de cuivre, aussi brillants que s'ils eussent été d'or.

En cet endroit, Frédéric interrompit son père :

— Il paraît, lui dit-il, que vous avez vu cette boîte : dites-moi, s'il vous plaît, ce que retraçait son couvercle.

Volontiers, mon ami. Comme

Jacques aimait à se rappeler les lieux par où il avait passé, et surtout ceux où on lui avait prodigué des témoignages d'affection, il avait représenté sur le couvercle de sa boîte un petit paysage où l'on voyait la ferme du père Michel.

Rien de ce qui intéressait Jacques n'échappait à la bienveillante perspicacité de M. Minute. Mais surtout ce qui l'avait attendri jusqu'aux larmes c'est le trait suivant.

Il y avait dans le voisinage, une

famille nombreuse de pauvres Savoyards; cinq ou six enfants, pas
moins que cela, dont l'aîné n'avait
pas quinze ans!!! Ce qui augmen-
tait la misère dans cette maison dé-
solée, c'est que le père de ces enfants
était presque constamment malade,
et leur mère, ils l'avaient perdue
depuis six mois. Leur existence
se traînait donc au milieu des plus
dures privations : les deux plus
grands n'ayant personne pour leur
servir de répondant ramonaient par-
ci par-là quelques cheminées dans

les hôtels où ils étaient connus, ce qui apportait un peu de pain au logis, et les aumônes des braves gens faisaient le reste.

Le plus jeune de leurs frères, du nom de Giuseppe, pouvait avoir de six à sept ans. M. Minute fit l'observation qu'à certains jours et à certaines heures, cet enfant se tenait fixé au pied d'une borne à côté de l'église de Saint-Étienne, puis Jacques venant à passer, le fils de Michelly marchait sur ses pas jusqu'à la rue Clovis.

Curieux de savoir ce que ces entrevues pouvaient signifier, M. Minute, un beau jour, suivit ces deux enfants sans qu'il en fût aperçu.

Arrivé dans un endroit où cette rue présente aux regards une espèce de renfoncement, le neveu du ménétrier de Meudon offrit à ce petit être affamé un morceau de pain, auquel il joignit une pomme et quelques noix, puis ils se séparèrent, Jacques poursuivant son chemin du côté de la rue des Fossés-Saint-Victor.

Le père Manérat était également fort connu de M. Minute ; ils se voyaient de temps en temps, et même passaient ensemble quelque soirées d'hiver en la compagnie de Jacques, qui leur faisait des lectures de l'Ancien ou du Nouveau Testament, ou de bons ouvrages qu'on leur prêtait : le vieux ménétrier avait donné les premières leçons à son neveu, qui s'était perfectionné sous la conduite et l'expérience de l'horloger ; à cette instruction essentielle ce dernier joignit plus tard l'enseignement du dessin; nous aurons occasion de revenir sur ce point.

La première fois donc que ces vieillards se rencontrèrent, M. Minute fit part à l'oncle de Jacques de ce qu'il avait vu : ils en tirèrent l'un et l'autre un favorable augure, persuadés que le ciel bénirait un enfant qui avait un si bon cœur.

Il en donna peu de temps après une nouvelle preuve.

La détresse de Michelly allait toujours croissant : son fils aîné, qui était aussi de la connaissance de Jacques, lui dit un jour que le propriétaire de leur misérable chambre, fatigué de ne rien recevoir de son loyer, leur avait fait signifier d'en sortir sous peu de temps ; cette triste manière de vider les lieux n'était point une recommandation pour trouver un gîte ailleurs ; aussi, ajoutait le pauvre garçon, qu'allons-nous devenir ? Notre malheur sera à son comble, et nous serons entièrement réduits à la mendicité.

A ces mots Jacques se sentit le cœur serré comme si la mort eût frappé subitement son oncle.

Il rentra au logis portant la tristesse empreinte sur le visage, et c'est à peine si, contre son ordinaire, il mangea quelque chose à souper.

Son émotion n'échappa point à son père adoptif, qui voulut en connaître la cause. Comme il était accoutumé à lui ouvrir son cœur, il ne fit pas difficulté de lui dire ce dont il venait d'être informé.

Manérat compatit sincèrement à la disgrâce de son voisin : la conversation roula quelque temps sur ce sujet, et ils se couchèrent aussi tristes l'un que l'autre.

Jacques ne ferma pas l'œil de la nuit : il eut toujours présent à l'esprit le déchirant tableau que le fils de Michelly lui avait fait de leur cruelle position.

CHAPITRE VI.

LE CIEL ENVOIE DES BIENFAITEURS AUX MALHEUREUX.

Dès qu'il fit jour, ce brave et digne enfant sauta à bas du lit et s'en fut droit à l'église faire sa prière au tombeau vénéré de la patrone de Paris. Il la supplia d'intercéder auprès du divin maître en faveur de Michelly.

Le Seigneur se plaît à exaucer

les vœux de l'innocence. Jacques se sentit tout à coup soulagé du poids qui l'oppressait, et ce fut dans son propre cœur qu'il puisa le secours qu'il avait sollicité pour cette malheureuse famille.

—Oncle, dit-il en rentrant, vous ne me refuserez pas la grâce que j'ai à vous demander. Le boursicot n'est pas mal garni, nous pourrions facilement en retirer quelques écus de six livres pour les donner au propriétaire de Michelly ; cela lui ferait prendre patience

et il ne chasserait pas son loca-
taire.

J'y avais aussi pensé, mon cher
enfant, répliqua le vieil oncle, et
je suis heureux que nos cœurs se
soient si bien rencontrés.

Jacques n'en demanda pas da-
vantage, il courut annoncer cette
bonne nouvelle à Michelly et à ses
enfants. Tout s'arrangea comme il
l'avait espéré ; le propriétaire, qui
n'était pas dépourvu de bons sentiments, se montra fort traitable,
et dès ce moment, des jours plus

favorables commencèrent à luire pour ces bons Savoyards. — A quelque temps de là, M. Minute acheva d'améliorer leur sort.

—Ah çà, dit-il un jour au vieux ménétrier, voici que notre Jacques a fini sa quinzième année; j'ai mes vues.

Sans doute il n'y a pas de sotte profession , surtout lorsqu'elle nourrit celui qui l'exerce; mais je ne crois pas qu'il soit destiné à faire reluire des chaussures toute sa vie. Il y a longtemps que j'ai l'in-

tention de lui apprendre mon état ;
je connais son aptitude, ses dispo-
sitions, et je suis sûr qu'il y réus-
sira. — Vous avez accepté, mon
vieil ami, c'est entendu.

Le père Manérat se garda bien
de refuser une offre qui présentait
de si grands avantages à son neveu ; aussi le mois ne s'était pas
écoulé, que Jacques connaissait
déjà par leur nom tous les outils
de l'horlogerie et qu'il savait dé-
monter toutes les pièces d'une
montre et les remettre dans leur

premier état ; le temps devait faire le reste.

Ce n'est pas tout, dit le bienfaisant M. Minute ; il ne faut pas que sa clientèle se perde : c'est une bonne aubaine pour les Michelly. Il faut la leur abandonner.

En effet, Jacques les recommanda à toutes ses pratiques, qui les accueillirent avec bonté. Ce généreux jeune homme ne mit qu'une restriction à ses bienfaits : — De grand cœur, leur dit-il, je vous laisse ma boîte, mais à la condition que vous me la rendrez lorsque vous serez mieux dans vos affaires, et que vous aurez pu en acheter une pour la remplacer. Je retiens de la même manière les brosses, le pot à cirage et le décrottoir. — Cette famille reconnaissante lui promit que les choses se passeraient comme il le désirait, et ils lui tinrent parole.

Les progrès de Jacques dans l'horlogerie furent prodigieux. M. Minute voulut que, sous la di-direction d'un habile professeur,

il se perfectionnât dans le dessin;
il lui apprit tout ce qu'il savait
lui-même sur sa profession, et
lui fit donner, par les maîtres de
l'art, des enseignements qui ne
tardèrent pas à le mettre de
pair avec tout ce qu'il y avait
d'horlogers en grande réputation.
Il n'y avait toutefois que deux ans
qu'il était entré dans cette nouvelle carrière ; mais que ne peut-
on pas avec de l'intelligence, du
bon vouloir et le désir de plaire à
ceux que nous aimons !

Cependant le bon M. Minute s'affaissait de plus en plus. Il prévoyait qu'il touchait au terme de sa course ; ses amis ne partageaient que trop ses pressentiments ; l'heure fatale sonna, et l'inconsolable Jacques lui ferma les yeux avec une piété filiale qui n'eût pas été plus grande quand bien même ils auraient été unis par les liens du sang.

Ce que l'on ne prévoyait pas, c'est que le défunt avait rédigé en bonne forme ses dernières volontés. Comme il avait perdu son père et sa mère lorsqu'il était encore dans la plus tendre enfance, il avait été élevé dans une maison d'orphelins par la charité des chanoines de Sainte-Geneviève, qui lui avaient ensuite fait apprendre un état ; et, plus tard, il dut les commencements et les progrès de son aisance à la continuation de leur appui, à sa bonne conduite et à son application. Sa pensée, depuis sa jeunesse, avait toujours été qu'il ne possédait pas de parents dans le monde. Quand on a parcouru une longue carrière sans en connaître aucun, et lorsqu'on meurt pauvre, il ne s'en rencontre jamais ; — les gens de chicane n'ont aucun lièvre à lever de ce côté ; mais c'est différent s'il y a quelque succession à prétendre : alors les héritiers viennent des quatre vents.

Il ne s'en présenta cependant qu'un seul après le décès de M. Minute ; c'était une cousine au cinquième ou sixième degré, entre deux âges, peu favorisée du côté de la fortune, et qu'un héritage, quoique médiocre, eût fort bien accommodée.

Un homme de loi de la place de l'Estrapade, alléché par l'espoir d'une bonne récompense, alla la dépister au fond de la Normandie. Ce vieux reître la fit venir à Paris à ses frais, et la lâcha contre le testament, croyant qu'il le ferait casser comme du verre. Tout ce qu'il y gagna ce fut un magnifique pied de nez. Le testament fut déclaré bon et valable, et la parente de

M. Minute se serait trouvée dans une position plus fâcheuse qu'auparavant si Jacques et son oncle n'eussent pas mieux valu que le procureur.

Après s'être assuré qu'elle en était digne, ils lui offrirent l'hospitalité.

Ce fut encore un ange tutélaire envoyé par la Providence pour veiller sur les destinées de ce jeune homme; le père Manérat n'ayant pas tardé à succomber lui-même, cette dame devint le guide et le conseil de son neveu; elle tenait sa maison, répondait à ceux qui venaient lorsqu'il était absent, et l'aimait aussi tendrement que si elle eût été sa mère.

A mesure que le successeur de M. Minute avançait en âge, l'expérience, le travail et l'assiduité donnaient une extension toujours croissante à ses affaires; il prit place parmi les notabilités de l'horlogerie et sa fortune devint considérable.

Les principes religieux qu'il

avait reçus dans sa jeunesse, et dont il ne se départit jamais, firent qu'il ne s'abandonna point à l'orgueil, comme de nos jours font tant de parvenus ; il se rappela toujours la condition d'où il était sorti, et n'oubliant pas non plus qu'il avait été comblé des témoignages de la bienfaisance des honnêtes gens, il se plaisait à rendre au centuple le bien qu'il avait reçu. Il accueillait les malheureux comme ses amis et comme ses frères ; il les consolait dans leurs douleurs, il soulageait leur misère, et il ne se bornait pas à donner du pain aux orphelins, il les mettait en apprentissage et ne les perdait pas de vue si, par la régularité de leur conduite, ils se montraient dignes de ses bienfaits.

L'une de ses plus agréables récréations était de parcourir les lieux qu'il avait visités autrefois en la compagnie de son oncle; mais il se dirigeait le plus souvent vers les bois de Verrières et la ferme du père Michel, quoiqu'il fût mort depuis longtemps. Il était toujours resté l'ami de la maison ; les enfants du fermier l'accueillaient avec une cordialité qui l'attendrissait. Là, on l'appelait toujours le *petit vielleur*. Il l'avait voulu ainsi ; seulement, il n'y jouait plus de son instrument, qu'il revoyait toujours avec plaisir et sur lequel, quand il était dans l'intérieur de sa maison, il répétait gaiement les airs que lui avait appris son vieil oncle. Il conservait avec le même soin la boîte aux

clous dorés qui lui avait été rendue
exactement , suivant la conven-
tion.

Les Michelly, tous devenus
grands, honnêtes hommes comme
leur père , et fort remplumés,
depuis qu'ils lui avaient succédé
dans ses fonctions de décrotteur et
de commissionnaire, demeurèrent
toujours ses intimes. Ils lui étaient
entièrement dévoués, et, pour sauver la sienne, ils eussent sacrifié leur
vie. Heureux celui qui sait exci-
ter la reconnaissance ; non moins

heureux celui qui écoute sa voix.

Jacques les réunissait souvent à sa table, et il avait le plaisir d'offrir à son protégé Giuseppe une nourriture plus confortable que le pain, la pomme et les noix de la rue Clovis.

A cet endroit, M. Thomassy garda le silence.

Ses enfants, persuadés que son récit était arrivé à sa fin, le remercièrent de leur avoir raconté une aussi charmante histoire, et la conversation redevint générale.

HENRI.

Quel excellent homme que Jacques ! que je voudrais lui ressembler !

ARTHUR.

Et son oncle dont tu ne parles pas, le vieux ménétrier de Meudon, ce bon père Manerat : c'est lui qui l'a fait ce que nous l'avons vu.

Mme THOMASSY.

Et M. Minute n'y a pas nui.

FRÉDÉRIC.

Il y en a pour tous les goûts ; moi, ce qui me plaît, c'est le

compère le loup, la boîte à violon
et le vieux procureur. Ah ! cette
balle de procureur avec son nez
d'un quart de lieue. Et la vielle !
la vielle ! Je voudrais l'avoir, papa,
vous me donneriez un professeur
de vielle ! il doit bien y en avoir
au moins un au Conservatoire,
n'est-ce pas ?

M. THOMASSY.

Je l'ignore, mon ami.

HENRI.

Pour moi, je me contenterais de
la boîte aux clous dorés ; ce se-

rait un bien agréable souvenir.

ARTHUR.

A mon tour : je sacrifierais volontiers tout ce que l'on consacre
à mes menus plaisirs, afin d'a-
voir en échange le portrait de
Jacques.

Mme THOMASSY.

Quel bel encouragement à la
pratique de toutes les vertus !

Alors M. Thomassy, reprenant
la parole, s'exprima de la sorte :

— Suivez-moi dans la pièce voi-
sine, et je vous remettrai à tous

les trois ce qui fait l'objet de vos désirs.

Arrivés devant une grande armoire à deux battants, qui s'ouvrit au moyen d'un secret, Arthur, apercevant un portrait, le prit sur un signe de son père, et sans toutefois faire de réflexions, trouva qu'il avait avec lui quelque ressemblance.

Henri s'empara de la boîte qu'il avait convoitée, et l'espiègle Frédéric saisit la vielle, dont il tourna aussitôt la manivelle, en attendant

que son père fit venir un maître
du Conservatoire. Il ne tarda pas à
voir que cela n'était point nécessaire ; car, M. Thomassy ayant de-
mandé l'instrument, fit entendre
des airs qu'il dit être ceux-là même
qui avaient excité l'ébahissement
général au jour du mariage des
enfants de Michel.

Arthur et ses frères marchaient
d'étonnement en étonnement ; leur
joie semblait ne pas pouvoir aller
plus loin. Cependant elle devait
s'accroître encore par ces paroles :

—Apprenez, mes chers enfants, que ce bon Jacques, que vous aimez tant, sans l'avoir connu, et que je pleurerai tous les jours de ma vie, était le plus proche parent que j'eusse dans ce monde. Sa mère était la sœur d'Ambroise Thomassy, dont je suis le fils unique.

— Jacques Manérat était donc mon cousin-germain, et votre oncle à la mode de Bretagne.

—Sa famille se trouvait aussi pauvre que mes parents, avec lesquels je demeurais tout à côté de la ferme du père Michel, et c'est ce qui vous explique comment on me compta au nombre des convives à la fête dont je vous parle. J'étais bien jeune alors, comme l'a très-bien remarqué Henri, mais cela n'empêche pas que tous les événements de cette époque me sont aussi présents que s'ils ne venaient que de s'accomplir.

En faisant fortune, votre oncle ne changea point de sentiments. Il m'attira auprès de lui, me donna toute sa confiance, m'instruisit des choses du commerce, m'associa à ses grandes entreprises, et comme à son décès, j'étais son plus proche héritier, tout ce qu'il possédait m'est demeuré sans la moindre contestation.

Huit ans avant sa mort, mon excellent cousin avait fait l'acquisition de cet enclos : il lui était d'autant plus attaché, que de la maison et surtout de ses appartements, qui se trouvaient au second étage, il pouvait à chaque instant du jour porter les regards vers la ferme du père Michel, qui lui rappelait les beaux instants de son enfance.

Il me disait souvent alors : Vois-tu, mon ami, il n'est pas nécessaire de posséder de grandes richesses pour être heureux.

Sans doute je n'ai point à me plaindre de mon sort : le ciel m'a toujours favorisé dans mes entreprises, depuis que je suis lancé dans les grandes affaires ; mais, je te l'avoue, à cette époque où je gagnais péniblement ma vie, mes jours s'écoulèrent avec autant de rapidité et d'une manière aussi agréable que dans ces derniers temps.

Les moments de loisir que je passe dans cette solitude, me sont mille fois plus précieux que les plaisirs de la capitale et les fêtes auxquelles m'invitent mes amis. Je retrouve là des souvenirs qui me rajeunissent ; j'y reçois les cordiales visites de nos bons villageois de Sèvres, de Meudon et de Saint-Cloud. Je puis compter, j'en suis convaincu, sur leur affection et leur dévouement; j'en ai pour gage les égards dont, à ma considération, ils ont entouré la digne parente de M. Minute.

J'avais oublié, mes enfants, de vous parler de la fin de cette dame qui parvint à un âge très-avancé; elle dirigea l'intérieur de la maison de votre oncle, aussi longtemps que ses forces le lui permirent, et lorsqu'elle fut obligée de se reposer de ce soin sur une personne plus jeune et non moins

dévouée, elle pria mon cousin de lui permettre de se retirer à
la campagne.

— Il vient un temps, disait-elle,
où l'on doit se séparer autant que
possible du tourbillon du monde,
et se préparer dans la retraite, par
la prière, à paraître devant Dieu.

Jacques accueillit avec empressement cette demande; il plaça
près de cette femme vénérable une
de ses propres parentes qu'il fit
venir de Normandie, et le zèle et
l'assiduité qu'elle déploya pour

répondre à cette marque de confiance, furent une preuve qu'il eût été impossible de faire un meilleur choix.

Celle qui avait veillé sur l'adolescence de Jacques avec une sollicitude vraiment maternelle, s'éteignit paisiblement, en invoquant pour lui les bénédictions du ciel : il en conserva un pieux souvenir ; et, depuis, il me répétait sans cesse qu'il ne doutait pas que Dieu l'eût accueillie dans sa miséricorde, et qu'il avait auprès

de son trône une puissante pro-
tectrice. En même temps se pré-
sentaient à son imagination l'ho-
norable vieillesse du père Manérat
et de M. Minute; leurs bienfaits,
leurs leçons paternelles pour faire
de lui un honnête homme; leurs
généreux efforts pour assurer sa
prospérité.

Il passait souvent des heures
entières dans ces méditations.
Pensée bien douce et bien conso-
lante pour une âme chrétienne!
— Ceux qui nous devancent dans

le tombeau ne sont pas irrévocablement perdus pour nous; ils ne font que nous précéder dans une vie meilleure, où nous irons nous rejoindre à eux lorsqu'il plaira à celui qui tient dans ses mains les destinées du monde, de mettre un terme à notre pèlerinage.

Tous les membres de la famille adoptive de Jacques, si bons durant leur longue existence, si généreux envers les pauvres, voulurent à leur dernière heure qu'on leur donnât la sépulture modeste de ceux qu'ils avaient tant aimés et si noblement secourus. Jacques eut peine à se conformer à l'expression de leur dernière volonté, mais enfin il le fit, et en même temps il voulut que les sommes destinées à des funérailles d'un ordre plus relevé, fussent consacrées au soulagement de l'indigence.

C'était encore une aumône abondante faite en leur nom après leur mort.

Ayons, mes amis, pour votre oncle les mêmes sentiments qui

l'animaient pour ses bienfaiteurs.

Conservons religieusement sa mémoire, jouissons en paix de la fortune considérable qu'il nous a acquise, mais, par dessus tout, marchons sur ses traces. A son exemple, servons Dieu, aimons les pauvres, secourons-les de tout notre pouvoir, et le ciel nous accordera comme à lui ses bénédictions.

FIN.

PARIS. — IMP. DE Mme Ve DONDEY-DUPRÉ, rue Saint-Louis, 46, au Marais.

BIBLIOTHÈQUE DU BERRY,

CHEZ

JACQUES LECOFFRE ET Cie,

RUE DU VIEUX-COLOMBIER, 20.

—

1853

INSPIRATIONS CHRÉTIENNES, par l'abbé A. Després, ancien professeur de rhétorique au petit séminaire, et fondateur de l'Institution Saint-Jean, à Bourges.

DE L'INFLUENCE des Ordres religieux sur les sociétés et de la Nécessité de leur rétablissement en France, par l'abbé Clément Grandcourt, curé de Saulzais-le-Potier, au diocèse de Bourges.

HISTOIRE DE LA TRAPPE, ou Précis exact des règles, des usages, des austérités, de la vie et de la mort des religieux de cet ordre célèbre; par G. F. de Grandmaison-y-Bruno, licencié en droit. 3ᵉ édition, un vol. in-12.

LA CHASSE DE SAINT VINCENT DE PAUL. Un vol. in-32, du même auteur.

LA JÉRUSALEM DÉLIVRÉE, poëme du Tasse, traduit en français, édition classique ; par le même auteur. Un vol. in-12.

L'ÉCHARPE BLEUE, épisode du siége de Montrond (1651-1652), du même auteur. Un vol. in-12.

LE MOINE DE NOIRLAC et le Seigneur de Montrond, suivis de quelques pièces inédites du même auteur ; 3º édition.

LE DIABLE BOITEUX de Le Sage, mis à la portée des maisons d'éducation ; précédé d'une Notice sur l'auteur, et suivi du Carnaval du Diable, du même auteur.

CONTES NOUVEAUX

Par le même auteur. — 6 volumes in-32.

1º L'Oiseau reconnaissant.
2º Le Chat de la Vieille
3º La Botte du petit Décrotteur.
4º Le Clocher d'Ainay-le-Vieux.
5º Le petit Berger du Tyrol.
6º Ingratitude et Repentir.

Sous presse :

LES MERVEILLEUSES AVENTURES de Lazarille de Tormes, tirées des vieilles chroniques de Tolède. Un vol. in-12, édition classique, par G.F. de Grandmaison-y-Bruno ; 2º édition.

DON QUICHOTTE de la Manche, traduction classique du même auteur. 2 forts vol. in-12 ; 4ᵘ édition.

GIL BLAS DE SANTILLANE, édition classique. 2 forts vol. in-12 ; 4ᵉ éditio